Do original da língua inglesa
THE STORY OF JESUS AND HIS DISCIPLES
© C.R. Gibson Company

10ª edição – 2011
5ª reimpressão – 2023

Tradução: *P. Abramo*
Revisão de texto: *Paulinas*

Nenhuma parte desta obra poderá ser reproduzida ou transmitida por qualquer forma e/ou quaisquer meios (eletrônico ou mecânico, incluindo fotocópia e gravação) ou arquivada em qualquer sistema ou banco de dados sem permissão escrita da Editora. Direitos reservados.

Paulinas
Rua Dona Inácia Uchoa, 62
04110-020 – São Paulo – SP (Brasil)
Tel.: (11) 2125-3500
http://www.paulinas.com.br – editora@paulinas.com.br
Telemarketing e SAC: 0800-7010081
© Pia Sociedade Filhas de São Paulo – São Paulo, 1990

A História De JESUS e seus DISCÍPULOS

Alice tem um cantinho
Onde faz suas leituras.
Neste lugar tão bonito
Vive histórias e aventuras.

Quando não está ocupada,
Tem tempo pra diversões,
Lê as histórias da Bíblia,
Com lindas ilustrações.

Lia sobre Jesus Cristo
E sobre os amigos seus:
Eram os doze discípulos,
Arautos do Reino de Deus.

Então, um pombo-correio
Veio pousar na janela.
Tinha no bico uma carta
Com uma mensagem pra ela:

"Ler é a chave que a vai levar
Aonde você quer estar".

Seu belo livro de histórias
Mudou-se em enorme tela.
E Alice se foi a passear
No Mundo da Bíblia por ela.

Logo viu Jesus andando.
Para sua felicidade,
A historinha que antes lia
Era agora de verdade!

Junto ao mar da Galileia,
Jesus parou e pôs-se a olhar.
Viu dois irmãos trabalhando,
Com suas redes a pescar.

Então, Jesus percebeu
Que neles podia confiar.
Pediu-lhes, pois, pra sair
Das águas daquele mar.

"Venham comigo! — Eu prometo:
Não mais peixes pescarão,
Mas pescadores de homens
De agora em diante serão."

Meio confusos, ficaram
A olhar para Jesus.
Viram só bondade, amor,
Em seu semblante de luz.

E os dois com ele ficaram,
Pra segui-lo em sua via.
E logo depois encontraram
Outros irmãos, neste dia.

Tiago e João, junto ao barco,
Suas redes consertavam.
Disse Jesus: "Eis mais dois
Daqueles que eu procurava!"

"Venham comigo! — Eu prometo:
Não mais peixes pescarão,
Mas pescadores de homens
De agora em diante serão."

Olhando para o seu rosto,
Tiago e João descobriram
Tanto amor, tanta bondade,
Que segui-lo decidiram.

Aos quatro disse Jesus
O que ele iria ensinar:
Que a boa-notícia do Reino
É para quem o escutar.

Os quatro amigos lhe deram
Contentamento profundo.
Mas Jesus queria Doze
Pra pregar a todo o mundo.

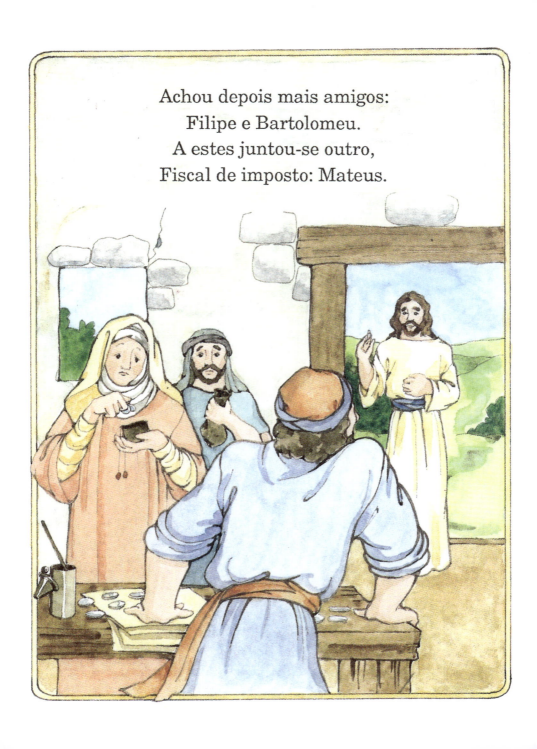

Achou depois mais amigos:
Filipe e Bartolomeu.
A estes juntou-se outro,
Fiscal de imposto: Mateus.

Mais tarde, encontram Tiago
E Simão, o Zelador.
Também Judas. Todos dizem:
"Vamos segui-lo, Senhor!"

Com os seus doze discípulos
O Mestre estava contente.
Aceitaram o convite:
Ser pescadores de gente.

Eles pregavam a Palavra,
E todo o povo os ouvia.
Sempre que Jesus falava,
A multidão mais crescia.

Falava palavras simples,
Ao coração e à mente.
E os doze o ajudavam
A falar a toda gente.

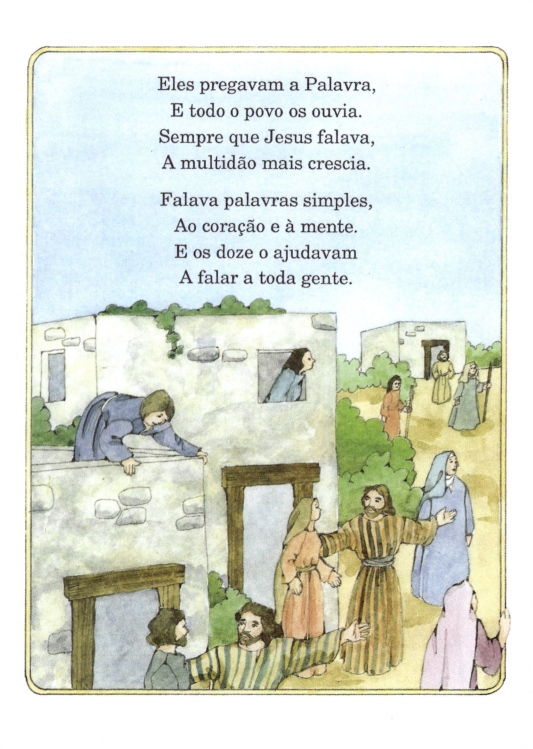

Deixando o Mundo da Bíblia,
Alice saiu da tela,
Trouxe Jesus e os discípulos,
Trouxe uma história tão bela.

"Como foi bom! Adorei!
Que aventura não seria
Ser amiga de Jesus
E segui-lo em sua via!"

"Meu amigo, Jesus Mestre
De mim nunca se esquece!"
E pondo o livro de lado,
Ajoelhou-se, em prece:

· "Agradeço seu perdão
E suas palavras de amor.
Quero ser sua discípula,
A vida inteira, Senhor!"

ALICE NO MUNDO DA BÍBLIA

Novo Testamento

A história da multiplicação dos pães e dos peixes
A história da ovelha desgarrada
A história da Páscoa
A história de Jesus e seus discípulos
A história de Paulo
A história do Bom Samaritano
A história do Filho Pródigo
A história do Menino Jesus
Pai-Nosso
Preces e ação de graças

Rua Dona Inácia Uchoa, 62
04110-020 – São Paulo – SP (Brasil)
Tel.: (11) 2125-3500
http://www.paulinas.com.br – editora@paulinas.com.br
Telemarketing e SAC: 0800-7010081